La Coppa del Mondo

original story:
Jennifer Degenhardt

translator:
Dr. Tanya Ferretto

cover artist:
Milo Pesqueira

Copyright © 2023 Jennifer Degenhardt (Puentes)
All rights reserved.
ISBN: 978-1-956594-42-3

Pay attention to what you pay attention to.

INDICE

RINGRAZIAMENTI

Dr. Tanya Ferretto, author of *Diettro al sorriso*, high school Italian teacher and lovely human, is the person to thank for being able to read this story in Italian. In fact, it is mostly due to her expertise that any of my stories are available for learners of Italian. Words cannot express how much I have enjoyed the collaboration with Tanya since she first contacted me. *Grazie*, Tanya! With your help, my stories are available for more readers. So glad that your stories will be, too!

Working with students has been a part of this book-creating business since I started. I'm all about giving kids a chance to show what they've got, and to have a chance to interact with an adult on a "business level." Students, (and people in general), don't know what they don't know, so any opportunity I have to help them learn something, I'm in!

Milo Pesqueira is the student artist responsible for the artwork of this story. Though Milo is a very confident young person, he wasn't quite sure of his artistic abilities, even given his affinity for graphic art. No time like the present to start to figure it out! Learn by doing, I say! Thank you, Milo, for the cover art, but also for the excellent communication skills throughout the project!

Mappa del Medio Oriente

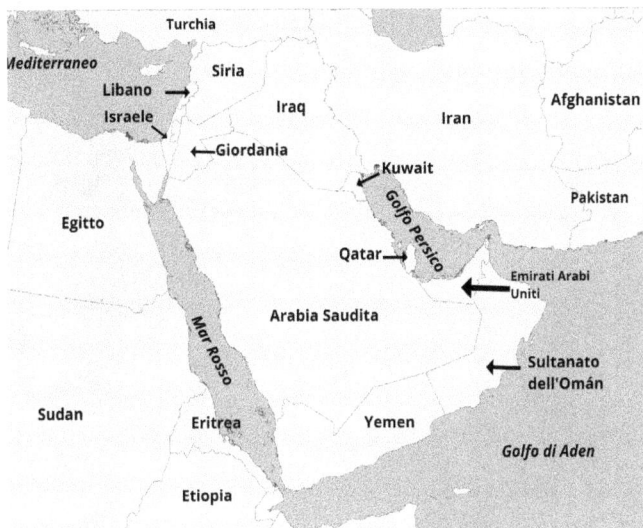

Pensa globalmente, agisci localmente.

Mappa del Qatar

Prologo
14 novembre, 2021

"Forza Inghilterra! Dai che andiamo ai Mondiali in Qatar!"

Arianna e Alan urlano insieme: "Inghilterra! Inghilterra! Inghilterra!"

Incredibile, l'Italia non è nei Mondiali, ma l'Inghilterra avanza e va alla Coppa del Mondo in Qatar nel 2022. Forza Inghilterra!

*****

IInformazioni sulla coppa del mondo 2022 in Qatar.

- È la prima Coppa del Mondo che si tiene in inverno nell' emisfero settentrionale.
- È la prima Coppa del Mondo nel Medio Oriente in un paese mussulmano*.
- È la prima Coppa del Mondo più costosa.
- Tutte le partite sono in solo otto stadi.
- Gli stadi sono vicini tra di loro
- I tifosi possono prendere la metropolitana per andare da uno stadio all'altro.
- Gli stadi hanno l'aria condizionata.
- Tutti gli alberghi per i tifosi sono a Doha, la capitale.
- La maggior parte delle infrastrutture** (alberghi, metropolitana ecc.) sono nuove.

*mussulmano: Muslim.

***infrastrutture: infrastructure.

GRUPPO A

 QATAR

 ECUADOR

 SENEGAL

 OLANDA

GRUPPO B

 INGHILTERRA

 IRAN

 USA

 GALLES

GRUPPO C

 ARGENTINA

 ARABIA SAUDITA

 MESSICO

POLONIA

GRUPPO D

 FRANCIA

 AUSTRALIA

 DANIMARCA

 TUNISIA

GRUPO E

 SPAGNA

 COSTA RICA

 GERMANIA

 GIAPPONE

GRUPPO F

 BELGIO

 CANADA

 MAROCCO

 CROAZIA

GRUPPO G

 BRASILE

 SERBIA

 SVIZZERA

 CAMERUN

GRUPPO H

 PORTOGALLO

 GHANA

 URUGUAY

 COREA DEL SUD

Capitolo 1
Il promemoria

Sono le due del pomeriggio. La famiglia Rossi è in sala da pranzo, a tavola, sono tutti pronti a pranzare.

"Ciao mamma e papà. Ho fame!" dice Alan.

"Tu hai sempre fame," dice il papà di Alan.

Alan è un ragazzo di dodici anni, lui ha il nome di suo nonno. Suo nonno è nato in Inghilterra ed abita ancora lì.

La sorella di Alan finalmente arriva a tavola. Lei è sempre in ritardo. Lei si chiama Arianna. Ha dodici anni e ha il nome della nonna.

Esatto, loro hanno la stessa età e hanno lo stesso compleanno. Alan e Arianna sono gemelli. Il compleanno di Alan e Arianna è sempre molto speciale, ma quest'anno in particolare sarà molto speciale.

"Cosa ha preparato Elisa per pranzo oggi?" chiede Arianna, parlando della cuoca della famiglia.

Alan mangia tutto, ma Arianna è più schizzinosa.

"Elisa ha preparato le lasagne," dice la mamma, "è il mio piatto preferito."

Tutti si prendono un po' di cibo. Alan ha il piatto pieno di cibo. Arianna prende solo pochi bocconi di lasagne.

"Arianna, devi mangiare di più," dice sua madre.

"No grazie," dice Arianna, non ho fame.

La famiglia parla di come sta andando la giornata: i gemelli parlano della scuola, la loro mamma parla del suo lavoro al comune di Verona e il loro papà parla del suo lavoro. La loro mamma ha un lavoro importante nella municipalità di Verona. Il loro papà ha negozi di calcio a Verona e in altre città italiane. I negozi si chiamano *L'unico sport*. Sono molto popolari.

"Emma, hai una riunione nel pomeriggio?" il papà chiede alla mamma.

"Sì. Parleremo di un piano per prevenire il

razzismo e la xenofobia," dice la mamma.

Alan dice: "Io so cos'è il razzismo ma la xeno…? cos'è?" chiede Alan.

"La xenofobia è la paura delle persone straniere," spiega sua madre.

"Oh, come le persone che abitano a Roma o Napoli? Ci sono persone strane che abitano in quelle città! Ha, ha, ha," dice Alan ridendo.

"Alan, sei un pagliaccio. Non sai niente. Straniero. Di altri paesi," dice Arianna.

"Sì, Alan. Come alcune persone che lavorano nei nostri negozi," dice il papà.

"Oh. Come Dragomir e Fazli? Chi ha paura di loro? Sono bravi…"

Con un sorriso, la mamma dice: "Non tutti sono gentili come te, Alan."

Alan mangia tutto il suo cibo. Arianna mangia il cibo che ha sul piatto. Finisce per prima e appena finisce di masticare il suo ultimo boccone fa una domanda.

"Papà andiamo alla Coppa del Mondo quest'anno o no? Ci avevi promesso ..."

Il loro papà non dice niente, ma guarda la loro mamma.

Alla fine, dice: "È possibile. Ma prima dovete informarvi"

"Compiti" chiede Alan.

"Sì," dice il papà.

Arianna chiede: "Lavoriamo insieme?"

"Sì e no."

Capitolo 2
Si gioca a fare ricerca

"Buon giorno mamma e papà. Buongiorno, Elisa," dice Alan.

Tutti salutano Alan.

Alan va al tavolo dove ci sono i suoi genitori e la sua colazione. Mangerà un cornetto prima di andare a scuola. I suoi genitori sono a tavola con il loro pane tostato con marmellata e un caffè espresso.

Alan chiede: "Papà, che compiti dobbiamo fare?"

"Aspettiamo che si svegli tua sorella così posso dirlo a tutti e due insieme," dice il papà.

"ARIANNA!" urla Alan.

"Alan!" dice la mamma: "Non urlare."

In quel momento, arriva a tavola Arianna. È chiaramente seccata con suo fratello.

"Arianna, papà adesso ci dà i compiti."

Arianna non sta attenta. Ha ancora sonno. "Che compiti?"

"La ricerca che dobbiamo fare sulla Coppa del Mondo." dice Alan.

"La Coppa del Mondo sarà in Qatar, giusto?" chiede Arianna.

"Sì," dice il papà: "E voi sapete dov'è il Qatar?"

I gemelli si guardano e non dicono niente.

"Ecco perché dovete fare un po' di ricerca," dice la loro mamma: "Non potete andare a vedere i Mondiali senza sapere dove sono."

"Adesso guardo," dice Alan, tirando fuori il suo telefonino.

"Ah!" dice Arianna, "Il telefonino a tavola? Ah, no. Se io non posso usare il mio, tu non puoi usare il tuo."

I genitori si guardano e sospirano: "Dai Arianna, è troppo presto di mattina per questo." dice la loro mamma.

Quando la famiglia finisce la colazione il loro papà finalmente tira fuori due fogli di carta e dice: "Ecco i vostri compiti."

Dà un foglio a ciascun gemello.

Arianna

-dov'è il Qatar?

-anno di indipendenza

-popolazione

-area

-popolazione per
chilometro quadro

-economia

-clima d'estate

Alan

-lingua/e

-religione

-bandiera (i colori)

-capitale

-popolazione della capitale
(% della popolazione che
vive nella capitale)

-sport moderni

-valuta

La mamma dice: "Fate la ricerca oggi. Parliamo domani di quello che scoprite."

Alan guarda il foglio di Arianna e li paragona. È molto competitivo.

"Papà, è un gioco di ricerca? Una gara?" chiede.

"È una ricerca, ma non è una competizione." dice il papà.

"Perché non ci fai cercare le stesse informazioni?" chiede Alan.

"Ci sono tante cose da scoprire." risponde.

I gemelli guardano i loro fogli. Guardano ma non parlano.

Il papà fa una domanda alla loro mamma: "Emma, Fazli, e Dragomir mi dicono che ci sono problemi nel loro quartiere. Un problema è il riscaldamento. Non funziona e tra poco è inverno..."

"Esatto, Cristiano. I quartieri in quella parte della città hanno molti problemi. Ne parleremo alla nostra riunione presto."

"Benissimo. Tu hai un lavoro molto importante. Sono molto fiero di te."

"Grazie Cristiano," dice la mamma.

"Se posso aiutare..."

"Ti farò sapere, grazie," risponde con gratitudine.

"OK, andiamo!" dice la mamma: "È ora di andare."

Capitolo 3
Un po' di ricerca

Una delle materie preferite di Alan è la storia. Ad Alan piace parlare della geografia e delle persone.

In classe oggi il professore ha messo una parola sullo schermo:

xenofobia

"Chi sa cosa vuol dire?"

Un ragazzo, il buffone della classe[1], dice: "È uno strumento."

Alan non ha pazienza per quel ragazzo. "No, buffone, quello è uno xilofono."

Il ragazzo pensa di essere simpatico, ma non è molto gentile.

Alan dice: "È la paura delle persone straniere."

Il professore è sorpreso. "Esattamente

---

[1] Buffone della classe: class clown

Alan. Come fai a sapere questa parola?"

"Abbiamo parlato della xenofobia a casa."

"Ah sì? Perché?" chiede il professore.

"Perché mia mamma lavora in comune e hanno una riunione proprio sulla xenofobia."

"Benissimo! Oggi parliamo di questo concetto in generale e di quello che sta succedendo anche qui a Verona."

Ad Alan piace la conversazione. Parlano della xenofobia in Italia. Parlano dei marocchini e cinesi che vivono in varie parti di Verona.

Il ragazzo antipatico dice: "Quelle persone non dovrebbero essere qui. Non sono italiani."

La conversazione... adesso è un dibattito.

*****

Dopo scuola Alan comincia la sua ricerca. Deve andare a piedi fino al negozio del padre per aiutarlo, ma prima vuole finire la ricerca sul Qatar. Vuole veramente andare a vedere la Coppa del Mondo!

Cerca informazioni sugli sport popolari, la capitale e la valuta del Qatar, quando arriva il ragazzo della sua classe:

"Ecco qui il secchione[2] della classe." dice il ragazzo.

Alan non risponde. In quel momento riceve un messaggio sul telefonino. È dal suo amico Mohammed, il figlio di Fazli.

Vieni al negozio?

Alan stava per rispondere quando il ragazzo urla: "Chi è Mohammed? Hai un amico che si chiama Mohammed?"

"Ma che problemi hai?" chiede Alan.

"Sarà[3] un immigrante. Non è italiano." dice il ragazzo.

"E perché sarebbe un problema? Anche mia mamma non è italiana, è inglese."

---

[2] Secchione: nerd or over-studious.
[3] Sarà: (in this context) he probably is.

"Quello non è un problema," dice.

"OK, allora perché è un problema se ho un amico chiamato Mohammed?"

Il ragazzo non sa cosa dire.

Alan prende il telefono con una mano e lo zaino con l'altra. Prima di andare via dice un'altra cosa al ragazzo: "Sai una cosa? Devi pensare di più prima di parlare. E sì ho un amico che si chiama Mohammed. Siamo amici da tanti anni. Stiamo in compagnia e giochiamo a calcio insieme. Adesso fattela passare[4]."

E così Alan comincia a camminare verso il negozio di suo padre, *L'unico sport*.

---

[4] fattela passare: get over it.

Capitolo 4
Cosa avete imparato?

Arianna arriva a tavola per prima perché ha fame.

"Cosa ha preparato Elisa per pranzo oggi?" chiede Arianna.

Elisa è veramente una brava cuoca. Questo pomeriggio prepara le lasagne. Arianna è molto felice perché le lasagne sono il suo cibo preferito.

Alan arriva a tavola: "Ooooh, Elisa ha preparato le lasagne. Che bello. Mi piacciono molto le lasagne."

Le lasagne hanno un gran successo tra i membri della famiglia Rossi.

Il papà chiede ad Alan e Arianna informazioni sulla loro ricerca:

"E i vostri compiti?" chiede, "Li avete finiti?"

"Ecco qui," dice Arianna.

"Anch'io li ho," dice Alan, "E adesso che

abbiamo finito, andremo in Qatar a vedere la Coppa del Mondo?"

"Sì, Papà. Abbiamo finito la ricerca. Andiamo a Doha?" chiede Arianna.

"Aspettate, cosa avete imparato?" chiede il papà.

Per circa un'ora i gemelli parlano con i loro genitori delle informazioni che hanno trovato sul Qatar. Hanno informazioni sulla popolazione, la religione, la valuta[5], l'area, la bandiera, il tempo e un po' sull'economia.

"Mi piacerebbe molto vedere la Coppa del Mondo in estate," dice Alan: "Quando non c'è scuola."

"Ma il torneo è in Qatar quest'anno, e di solito a giugno e agosto fa molto caldo, ci sono circa 40[6] gradi!" dice Arianna.

"Oh. Mi piace il caldo, ma non vorrei

---

[5] valuta: monetary unit.
[6] 40: here, 40 degrees. In Italy temperature is given in
   Celsius/Centigrades, it is not necessary to specify with a C.

giocare con quel caldo," dice Alan.

"Cos'altro pensate della Coppa del Mondo in Qatar?" chiede la loro mamma.

Alan e Arianna si guardano.

"Cosa c'è da pensare dalla Coppa del Mondo? È un campionato di calcio che si fa ogni quattro anni," dice Arianna.

"E quest'anno l'Inghilterra vincerà!" dice Alan.

"Ecco perché dobbiamo andare," continua Arianna.

"Sono d'accordo," aggiunge Alan.

"Aspettate, dovete informarvi di più," dice la loro mamma.

"Ancora compiti?" chiede Alan.

"Facciamo un altro gioco di ricerca?" chiede Arianna.

"Sì, questa volta, dovete pensare ad una domanda importante: con tutte le informazioni che avete sulla Coppa del Mondo di quest'anno, volete ancora andare?"

Arianna dice: "Alan ed io dobbiamo lavorare molto per questo viaggio, giusto, ma poi possiamo andare?"

"Lavorare? No. Imparare? Sì." dice il papà.

Dopo aver mangiato, Alan sparecchia il tavolo e Arianna lava i piatti.

Il loro papà parla ad Alan: "Vuoi venire al negozio questo pomeriggio? Devo portare la televisione nuova al negozio."

"Certo, posso invitare Mohammed?" chiede Alan.

"Mohammed sarà già lì. Fazli lavora tutto il giorno," dice il papà.

"Fantastico!"

"Alan, sono fiero di te," dice sua mamma.

"Grazie mamma, ma perché?" chiede Alan.

"Per avere buoni amici come Mohammed," dice la mamma.

"Mamma, Mo è stato mio amico per molti

anni. Giocavamo insieme al negozio quando eravamo giovani, lo facciamo ancora qualche volta. È come un fratello per me," dice Alan.

"In ogni caso, sono fiera di te," dice la mamma.

Alan porta i piatti in cucina. Parla con sua sorella:

"Arianna, vuoi lavorare insieme sulla ricerca?"

"Sì, sarà più facile. Perché ci danno «compiti» per questo viaggio?" chiede Arianna.

"Non so. Ma possiamo farlo velocemente così possiamo andare in Qatar!" dice Alan, ballando in cucina.

"Sei un pagliaccio, adesso aiutami con i piatti."

"*Aiuto con i piatti*. Ha, ha, ha!" dice Alan, prendendo in giro[7] sua sorella.

---

[7] Prendendo in giro: teasing.

"Pagliaccio!" dice Arianna.

Capitolo 5
Ancora ricerca

Arianna

-indipendenza (in che anno?)

-demografia (informazioni sulla popolazione e gruppi di popolazione)

-area (paragonata all'Italia)

-economia (paragonata all'Italia)

-economia

-clima d'inverno

Alan

-bandiera (significato)

-capitale (cose

interessanti)

-popolazione della capitale

(% di persone che vivono lì)

-sport antichi

-valuta (paragonata

all'euro €)

È tardi. Alan e Arianna non hanno compiti per la scuola, ma hanno compiti per i loro genitori.

I gemelli guardano i loro fogli. Hanno bisogno di usare le informazioni sulla prima parte della loro ricerca per scoprire le nuove informazioni.

"Uffa," dice Arianna: "Dobbiamo fare matematica!"

Sia Alan che Arianna non amano la matematica.

"Cosa?" chiede Alan.

"Dobbiamo calcolare la percentuale della popolazione e calcolare l'unità monetaria," dice Arianna.

"Se lavoriamo assieme, riusciremo a finire più velocemente," dice Alan. "Io cerco le informazioni sulla valuta. Ti sembra una buona idea?"

"Anch'io aiuto con la ricerca. Cosa c'è sul tuo foglio?" chiede Arianna.

Arianna guarda il foglio di Alan e dice:

"Ricerca la capitale, lo sport e la valuta usata."

"La capitale si chiama Doha," dice Alan: "e la valuta si chiama riyal qatarí[8]."

"Bene, ma com'è Doha? Ci servono più informazioni," dice Arianna.

"Cosa ricerchi?" chiede Alan, guardando il foglio di sua sorella.

"Scopro di più sull'indipendenza del paese. Il Qatar non è un paese indipendente da molto tempo. Solo dal 1971," dice Arianna.

"Prima apparteneva ad un paese diverso?" chiede Alan.

"Non lo so. Adesso guardo. E poi cerco anche informazioni sulla demografia e l'economia."

"Va bene. Sarà difficile," dice Alan

"Non per me, mi piace quel tipo di informazione."

---

[8] riyal qatarí: Rial del Qatar; monetary unti of Qatar.

Per molto tempo, i gemelli fanno ricerca sui loro iPad. Alan scopre che la maggior parte della popolazione vive nella capitale, Doha. Arianna scopre che la popolazione del Qatar è di quasi 3 milioni di persone, ma solo il 10% (o anche meno) della popolazione è indigena del Qatar.

Alan impara che gli sport moderni erano molto diversi. Erano gare di cavalli, cammelli e falconeria[9].

Arianna impara che l'economia si basa sul petrolio e il gas naturale.

"Cammelli e falconeria?"

"Cos'è la falconeria?" chiede Arianna.

"Non lo so."

"Cerca ancora informazioni, questo mi interessa!"

"Anche a me!" esclama Alan.

Alan cerca informazioni sulla falconeria sul

---

[9] falconeria: falconry.

suo iPad.

"Alan, lo sai che solo il 10% della popolazione del Qatar è indigena del Qatar?" chiede Arianna.

"E di dove è il resto (90%) della popolazione?

"Non lo so. Probabilmente non dall'Italia," dice Arianna.

"Dai, guarda! Questo è veramente interessante!"

"Sì, veramente."

Arianna cerca informazioni sulla demografia del Qatar.

I gemelli sono così interessati nella loro ricerca che non si accorgono dell'ora.

Capitolo 6
Cosa avete imparato? Parte 2

"Alan! Arianna! Mangiamo!" grida il papà dalla cucina.

Sono le nove di sera. È ora di cenare. Alan e Arianna hanno fatto ricerca per tre ore prima di cena, adesso hanno tanta fame.

Vanno in cucina ed entrambi dicono: "Ho così tanta fame."

"Papà, sai cos'è la falconeria?" chiede Alan.

"Non ne ho idea. Cos'è?"

"È uno sport in cui vai a caccia con un falco," dice Alan.

"Sì, era uno sport antico in Qatar."

"Adesso gli sport popolari sono il calcio, il golf, il tennis e il cricket," dice Alan.

La famiglia cena, risotto ai funghi, e i genitori fanno domande.

"Cosa sapete già delle persone del Qatar?"

chiede il papà.

"La maggior parte della popolazione non è del Qatar," dice Arianna: "Sono dall'India, Bangladesh, Nepal ed altri paesi."

"È interessante vero?" chiede la mamma. "Ci sono molti immigranti nel paese."

"Ci sono molti immigranti in Italia?" chiede Alan.

"Sì ce ne sono tanti," dice il papà.

"Perché?" chiede Arianna.

"Le persone migrano per tutto il mondo. Di solito le persone che immigrano in Italia stanno cercando opportunità migliori," dice la mamma.

"Come Fazli e Dragomir?" chiede Alan.

"Esattamente," dice il papà: "Dragomir è dalla Romania e Fazli e dal Pakistan."

"Lo so papà," dice Alan. "Ne parliamo spesso."

"È importante saperlo. Gli immigranti in Italia sono importanti per l'economia e per la diversità della cultura," dice il papà.

"Ma molte persone non sono contente che ci siano gli immigranti vero mamma?" chiede Arianna.

"È vero per certe persone. Per questo motivo abbiamo un piano per prevenire il razzismo e la xenofobia nel nostro Comune."

C'è silenzio per un momento. Finalmente Alan parla:

"Non capisco."

"Cosa non capisci Alan?" chiede il papà.

"Non capisco perché alcune persone sono contro gli immigranti. Sono buone persone."

"Anch'io non capisco," dice Arianna.

Capitolo 7
I numeri

È il giorno dopo e Arianna vuole scoprire altre informazioni sul Qatar.

Sì, vuole informazioni per il gioco di ricerca dei genitori, ma vuole anche imparare della popolazione del Qatar.

Arianna è molto analitica. Vuole sapere perché molte persone immigrano in Qatar.

Alan entra in cucina dove Arianna si trova con il suo iPad. "Vado a guardare una partita di calcio. Vuoi guardare?"

Arianna risponde: "Certo, mi piacerebbe guardare, ma prima di guardare, devi leggere questo articolo."

Arianna dà l'iPad a suo fratello. Alan legge.

Le Controversie della Coppa del Mondo del 2022 nel Qatar

Per la prima volta nella storia della Coppa del Mondo, il torneo sarà in un paese del Medio Oriente. Sarà anche la prima Coppa del Mondo che non si terrà durante l'estate, nei mesi de giugno, luglio e agosto. Molte persone non sono contente che la Coppa del Mondo si terrà in inverno.

Inoltre, ci sono controversie sul paese selezionato. È importante avere il torneo in varie regioni del mondo, ma si dice che ci siano problemi sociali nel paese. La difficoltà maggiore riguarda Gli immigranti che sono venuti per aiutare a costruire le infrastrutture per la Coppa del Mondo. gli immigranti vengono dall'India, Bangladesh, Nepal, e altri paesi.

[1] vengono: they come.

Queste persone sono venute in Qatar per costruire gli stadi, gli alberghi, le strade e la metropolitana. Inoltre, arrivano per lavorare il settore dei servizi: trasporto, alberghi, ristoranti e la sicurezza. Sono nel Qatar perché hanno bisogno di opportunità di lavoro, ma soffrono molte ingiustizie. C'è un sistema kafala [1] in Qatar che non tratta bene gli immigranti. Vivono in brutte condizioni, non ricevono il salario in orario, lavorano molte ore e non possono cambiare lavoro.

[5] sistema kafala: system of sponsorship in some Arab nations that attracts an immigrant workforce but requires the workers to pay recruitment fees and otherwise exploits the immigrant labor.

Un'altra controversia che riguarda la Coppa del Mondo in un paese arabo è che le persone dalla comunità LGBTQ+ non sono accettate; è illegale. È illegale avere rapporti con persone dello stesso sesso. Ci sono molte persone che non vogliono il torneo lì per la mancanza di tolleranza.

Questa Coppa del Mondo sarà diversa per molti motivi. È importante prestare attenzione a tutto, non solo al calcio.

"Che brutto. Non lo sapevo," dice Alan.

"Nemmeno io. Dopo la partita vuoi fare ancora un po' di ricerca?" chiede Arianna.

"Sì abbiamo bisogno di ancora informazioni."

I gemelli guardano la partita. A loro piace molto guardare il loro sport preferito, ma non possono ignorare le informazioni nell'articolo.

Capitolo 8
Le condizioni

"Guarda, Arianna. Guarda il video con i lavoratori."

È un video su YouTube che spiega le condizioni dei lavoratori immigranti in Qatar.

Cose di cui parla:

- La prima Coppa del mondo in un paese del Medio Oriente
- La prima Coppa del mondo in inverno
- Violazioni dei diritti umani di immigranti.
- Il sistema di *Kafala*
- Lo sfruttamento di immigranti: cattive condizioni, paghe e orari
- Intolleranza nei confronti delle persone LGBTQ+

"Alan, non mi piace questa situazione," dice Arianna.

"Neanche a me," dice Alan, "È terribile."

I gemelli si informano di più. Alan dice, "Ecco un articolo dove Toni Kroos parla della situazione in Qatar. Dice:

> Toni Kroos, Il famoso giocatore di calcio del Real Madrid team dice: "Dobbiamo farci la seguente domanda: Qual è l'uso di un boicottaggio di questo torneo? Migliorerà la situazione? Miglioreranno le condizioni di lavoro? Non credo." Ma, Kroos pensa che la situazione con gli immigranti e le condizioni di lavoro hanno bisogno di attenzione.

"Anche altri giocatori di calcio parlano di questa situazione orribile," dice Alan.

"Alan, non possiamo andare in Qatar," dice Arianna.

"Cosa? Perché no? Arianna, è la Coppa del Mondo! Non vuoi veder giocare l'Inghilterra? Vinceranno!"

"Alan, guarda. Perché stiamo facendo la caccia al tesoro?" chiede Arianna.

"Umm, per imparare di più sul Qatar prima di andare alla Coppa del Mondo," dice Alan, ballando per la stanza pensando alla Coppa del Mondo.

"No. La mamma e il papà hanno creato il gioco..."

Adesso Alan capisce.

"...per farci capire la situazione in Qatar."

"Esattamente. Alan, sanno che vogliamo andare perché..."

"Vogliamo vedere le partite del Gruppo B della Coppa del Mondo," dice Alan.

"Perché l'Inghilterra vincerà il torneo, ma..." dice Arianna.

I gemelli non dicono niente. A volte litigano come tutti i fratelli, ma c'è sempre una connessione speciale tra gemelli.

In quel momento Alan e Arianna pensano allo stesso modo.

Capitolo 9
Cambio di piani

È sabato e i gemelli vanno a piedi fino al negozio di calcio del loro padre. Il loro papà ha bisogno del loro aiuto per connettere la nuova televisione. Come alcuni adulti, il loro papà non è molto bravo con la tecnologia. I gemelli vanno ad aiutarlo.

Alan dice: "La Coppa del Mondo è tra un mese, ma ci sarà la scuola durante il torneo quest'anno. Non possiamo perdere troppi giorni di scuola"

"Alan, ovviamente non andiamo per un mese," dice Arianna. Lei è sempre più pratica.

"Quanti giorni possiamo perdere?" pensa Alan.

In quel momento arrivano al negozio. Ci sono molte persone al negozio perché è sabato.

Anche Mohammed, l'amico di Alan, è lì. È con suo padre, mentre suo padre lavora sulla televisione.

La televisione è enorme. È un'ottima televisione per guardare le partite di calcio. Ma in questo momento non si vede niente.

Mohammed vede Alan e Arianna e li saluta, "Ciao Alan, ciao Arianna! Ci potete aiutare? I nostri genitori non sanno connettere la televisione."

"Ciao, Mo," dice Alan, "Certamente, vi aiutiamo."

"Ciao papà. Ciao Fazli," dice Arianna. "Avete problemi con la tecnologia? Ha, ha, ha!"

Presto i tre ragazzi aggiustano il problema della televisione. Sullo schermo adesso c'è una partita di calcio. Si vede benissimo sul grande schermo.

Mohammed dice: "Wow. Che bello guardare una partita di calcio su questa televisione... ti immagini guardare una partita della Coppa del Mondo su questa ..."

"Fenomenale," dice Alan, guardando sua sorella.

Ecco di nuovo la connessione dei gemelli.

"Stai pensando quello a cui sto pensando io?" chiede Arianna.

"Sì!" dice Alan. "Andiamo!"

"Ci vediamo, Mohammed. Io e Alan dobbiamo andare a casa," dice Arianna.

"OK, a presto."

I gemelli corrono (non camminano) a casa. Hanno un'idea per il loro compleanno.

Capitolo 10
I piani

Alan e Arianna corrono a casa e entrano velocemente.

"Arianna! Alan! Dove state andando?" chiede la loro mamma.

Non salutano la mamma. Vanno a prendere i loro iPad. Devono fare un piano.

"Cosa serve per una GRANDE festa?" chiede Alan.

"Dai, facciamo una lista," dice Arianna.

"Buon'idea. Scrivi sul tuo iPad," dice Alan.

Arianna prende la penna e comincia a scrivere:

Lista per la festa
1. Bicchieri di carta
2. Piatti di carta
3. Posate di plastica (cucchiai, forchette, coltelli)
4. Tovaglioli
5. Borsa frigo per le bibite
6. Sedie noleggiate
7.
8.
9.

"Ottimo inizio Arianna, ma ci serve del cibo!" dice Alan.

"E bibite!" dice Arianna, mentre scrive il cibo e le bibite che serviranno per la festa.

Per tre ore i gemelli pensano, fanno ricerca e scrivono una lunga lista per la grande festa.

Proprio quando finiscono, i loro genitori li chiamano.

"Alan! Arianna! Venite a mangiare," dice il loro papà.

Entrambi prendono i loro iPad e vanno giù in cucina per cena.

"Sapete entrambi che non potete portare gli iPad a tavola," dice la loro mamma.

"OK, ma abbiamo informazioni che vi vogliamo dire dopo," dice Arianna.

"Cosa?" Chiede il loro papà.

"Abbiamo un'idea," dice Alan.

"Sì abbiamo un'idea," dice Arianna con entusiasmo.

I loro genitori si guardano.

Sono seri? Sembra.

"Non vogliamo andare in Qatar per la Coppa del Mondo," dice Alan.

"Non vuoi andare?" chiede il papà, "Ma mi dici sempre..."

"Sì papà, vogliamo andare a vedere la Coppa del Mondo un giorno, ma non quest'anno," dice Arianna.

"È perché dovete perdere giorni di scuola?"

chiede la loro mamma con un sorriso.

"Ha, ha," dice Alan, "no, è perché..."

"... perché ci siamo informati sul Qatar e la situazione con gli immigranti che lavorano per costruire le infrastrutture per il torneo," dice Arianna.

"Infrastrutture? Avete fatto molta ricerca, vero?" dice il papà, sorpreso.

"Papà, seriamente. Trattano malissimo i migranti. La situazione non è buona," dice Alan. "Abbiamo visto un video."

I genitori si guardano. Sono contenti.

"Ma abbiamo un altro piano per il nostro compleanno," dice Alan.

"Sì, è un'idea fantastica," dice Arianna.

I genitori si guardano di nuovo. Un piano? Che piano? Sono un po' nervosi.

"OK. Qual è il piano?" chiede la mamma.

"Vogliamo fare una festa il giorno della prima partita dell'Inghilterra della Coppa del Mondo."

"A casa?" chiede la mamma, un po' nervosa.

"No," dice Alan, "Al negozio. Per vedere la partita sulla televisione grande."

Adesso parla il papà: "Va bene. Ma a casa sarebbe meglio."

"C'è un'altra parte di questo piano papà," dice Arianna.

I genitori si guardano. Un'altra parte di questo piano?

"Vogliamo invitare molte persone," dice Arianna.

"E persone specifiche," dice Alan, "vogliamo invitare tutte le persone nel vicinato dove vivono Fazli, Mohammed, e la loro famiglia, e dove vivono Dragomir e la sua famiglia."

I loro genitori non dicono niente. "Tutte le persone del vicinato?"

"Sì"

"Per piacere papà?" chiede Arianna,

"Costerà molto meno di un viaggio in Qatar."

"Ma stiamo pensando globalmente e agendo localmente, come dite voi," dice Alan.

"Abbiamo preparato una lista," dice Arianna.

"Avete fatto un conto delle spese?" chiede la mamma.

"Sì, e con la lista di dove possiamo comprare le cose," dice Arianna.

I due gemelli sono molto fieri della loro lista.

"Guardate," dice Alan. E fa vedere la lista ai genitori.

	A	B	C
1	Prodotto	Quantità	sito web
2	picchieri di carta	150	https://www.europarty.it/
3	piatti di carta	100	
4	cucchiai di plastica, forchette, coltelli)	100	
5	forchette di plastica	100	
6	coltelli di plastica	100	
7	tovaglioli	200	
8	borse frigo per le bibite	8	
9	sedie noleggiate	50	https://www.noleggio-sedie.com/ve
10			
11			

"È una lista fantastica e una lista spese eccellente," dice la mamma "Sono molto orgogliosa di entrambi."

"Anch'io, avete fatto un ottimo lavoro con la lista e il tabulato. Sono molto contento della vostra decisione sul torneo e dei vostri motivi," aggiunge il papà.

"Papà, un giorno vorrei vedere la Coppa del Mondo dal vivo, ma vorrei guardare questa con Mohammed," dice Alan.

"La verità è che non ci sono molte persone come te, Alan, sei una brava persona," dice la loro mamma.

"È anche idea di Arianna," dice Alan, "ci

abbiamo pensato insieme."

"È una bellissima idea," dice il loro papà, "e io ne ho un'altra: possiamo fare una festa per l'ultima partita dell'Inghilterra della Coppa del Mondo."

I gemelli sono molto felici. Festeggeranno il loro compleanno con una GRANDE festa.

Capitolo 11
La festa - 21/11/2022 alle 13:00; Partita alle 14:00 Inghilterra - Iran

Dopo scuola, Alan e Arianna corrono al negozio per aiutare con le decorazioni per la festa.

Mohammed è già nel negozio e i tre amici cominciano a decorare. Le decorazioni sono bianche e rosse, i colori della squadra inglese.

Arianna esclama: "Sono così contenta per la festa!"

"Sono contento per la festa e la partita!" dice Alan.

"Anch'io sono contento," dice Mohammed, "grazie tanto di aver pensato di fare la festa qui."

"Certo! Grazie per tutto il tuo aiuto, Mo," dice Alan.

"Sì, con il tuo aiuto ci sarà molto cibo etnico che renderà la festa ancora più speciale," dice Arianna.

Quando Mohammed ha invitato altre persone alla festa, gli ha chiesto di portare del cibo della loro cultura di origine, da poter condividere.

"Tutti sono contenti che ci sarà la festa," dice Mohammed: "VOGLIONO condividere una parte della loro cultura."

Assieme ai loro genitori, i tre amici passano molto tempo a spostare scaffali con vestiti e attrezzature venduti nel negozio. Il negozio vende attrezzature, vestiti e altre cose per il calcio. Il negozio vende tante palle da calcio. Ma serve più spazio per la festa perché ci saranno molte persone.

"Sarà una bellissima festa," dice con gioia Arianna.

In quel momento Alan vede sua mamma. Lei ha una torta enorme dalla pasticceria vicino al negozio.

"Cos'è quello mamma?" chiede Alan.

"È la torta per il tuo compleanno," dice la

loro mamma.

"Che bello!" dice Alan. Lui ama le torte.

"Ti sei dimenticato del compleanno? Compi gli anni."

"No, ovviamente non mi sono dimenticato del mio compleanno, ma non sapevo della torta," dice Alan.

"Ooooh, guarda la torta," dice Arianna incantata, "ci sono decorazioni con cose di calcio e i colori rosso e bianco. Grazie mamma!"

"Grazie a tutti. Sarà una festa perfetta," dice la mamma dei gemelli, a loro e anche a Mohammed.

Alle 13:00, le persone cominciano ad arrivare al negozio. Ci sono pachistani, rumeni, cinesi, colombiani, ecuadoriani e boliviani. Tutti vogliono vedere la prima partita dell'Inghilterra con Alan e Arianna che hanno origini inglesi.

Alle 14:00, il presentatore della partita dice:

"Ancora una volta, Benvenuti alla Coppa del mondo in Qatar. Siamo allo stadio internazionale Khalifa a Doha. Ci sono 24 gradi centigradi ora a Doha, ma è più fresco nello stadio perché c'è l'aria condizionata.

Siamo pronti a vedere lo straordinario talento della squadra nazionale inglese ..."

Quando sentono la parola "Inghilterra", tutti cominciano ad urlare: Forza INGHILTERRA!!! Forza INGHILTERRA!!! Forza INGHILTERRA!!!

GLOSSARIO

The translations provided are specific to the context in which they are used in this book.

A

a - at; to; in
abbiamo - we have
abita - s/he, it lives
abitano - they live
accettate - to accept
accordo - deal
(si) accorgono - they realize
ad - at; to; in
adesso - now
adulti - adults
agendo - taking action
aggiunge - s/he, it adds
aggiustano - they fix
agosto - August
ai - to the
aiutami - help me
aiutare - to help
aiutarlo - to help him
aiutiamo - we help
aiuto - help
al/ll'/lo/ai/agli/la - to the
alberghi - hotels
alcuni/e - some
allora - so
altro/i/a/e - other

ama - s/he, it loves
amano - they love
amico/i - friend/s
analitica - analytical
anch'(io) - me too
anche - also
ancora - more; still
andando - going
andare - to go
andiamo - we go
andremo - we will go
anno/i - year/s
antico/hi - ancient
antipatico - mean
apparteneva - belonged to
appena - as soon as
arabo - Arab
area - area
aria - air
arriva - s/he, it arrives
arrivano - they arrive
arrivare - to arrive
articolo - article
aspettate - to wait
aspettiamo - we wait
assieme - together
attenta - careful

attenzione - attention

attrezzature - infrastructure

avanza - s/he, it moves forward

aver - to have

avere - to have

avete - you (pl) have

avevi - you had

B

ballando - dancing

bandiera - flag

Bangladesh - country in South Asia

(si) basa - is based on

bellissima - beautiful

(che) bello - how nice

bene - well

benissimo - very well

benvenuti - welcome

bianco/hi/a/e - white

bibite - drinks

bisogno - need

boccone/i - bite/s

boicottaggio - boycott

boliviani - Bolivian

bravo/i/a/e - good

brutto/i/a/e - ugly

buffone - clown

buon/o/a/e - good

buongiorno - good morning

buoni - good

C

c' - there

caccia - hunting

caffè - coffee

calcio - soccer

calcolare - to calculate

caldo - warm

cambiare - to change

cambio - change

cammelli - camels

camminano - they walk

camminare - to walk

campionato - championship

capire - to understand

capisce - s/he, it understands

capisci - you understand

capisco - I understand

capitale - capital

carta - paper

casa - home

(in ogni) caso - in any case

cattive - mean

cavalli - horses

ce - there
cena - dinner
cenare - to eat
    dinner
centigradi -
    Centigrade
cerca - s/he, it looks
    for
cercando - looking
    for
cercare - to look for
cerco - I look for
certamente - surely
certe - some
certo - for sure
che - who, that
chi - who
(si) chiama - s/he, it
    is called
(si) chiamano - they
    are named
(li) chiamano - they
    call them
chiamato - named
chiaramente -
    clearly
chiede - s/he, it asks
chiesto - asked
chilometro -
    kilometers
ci - there
ciao - hello; goodbye
ciascun - each
cibo - food
cinesi - Chinese
circa - more or less

città - city
classe - class
clima - climate
colazione - breakfast
colombiani -
    Colombian
colori - colors
com'/e - how
comincia - starts
cominciano - they
    begin
compagnia - together
competitivo -
    competitive
competizione -
    competition
compi (gli anni) - you
    turn (an age)
compiti - homework
compleanno -
    birthday
comprare - to buy
comune - common
comunità -
    community
con - with
concetto - concept
condividere - to
    share
(aria) condizionata -
    air conditioning
condizioni -
    conditions
(nei) confronti -
    towards

connessione - connection
connettere - to connect
contenta/e/i /o - happy
continua - s/he, it continues
conto - bill
contro - against
controversia/e - controversy/ies
conversazione - conversation
coppa - cup
cornetto - croissant
corrono - they run
cos' - what
cosa - what; thing
cose - things
costerà - it will cost
costosa - expensive
costruire - to build
creato - created
credo - I believe
cricket - name of sport
cucina - kitchen
cui - which
cultura - culture
cuoca - cook

D
d'/di - of
da - from; by

dal/l'/i/gli/la/le - from the
danno - they give
decisione - decision
decorare - to decorate
decorazioni - decorations
de/l/llo/l'/i/gli/la/le - of the
demografia - demographics
dentro - inside
deve - s/he, it must
devi - you must
devo - I must
devono - they must
di - of
dibattito - debate
dice - s/he, it says
dici - you say
dicono - they say
difficile - difficult
difficoltà - difficulty
dimenticato - forgotten
dire - to say
diritti - rights
dirlo - to say it
dite - you (pl) say
diversa/e/o/i - different; several
diversità - diversity
dobbiamo - we must
dodici - twelve

domanda/e - question/s
domani - tomorrow
dopo - later; after
dov' - where
dove - where
dovete - you (pl) must
dovrebbero - they should
due - two
durante - during

E

e - and
è - is
ecc. - etcetera
eccellente - excellent
ecco - here is
economia - economy
ecuadoriani - Ecuadorian
ed - and
emisfero - hemisphere
enorme - huge
entra - s/he, it enters
entrambi - both
entusiasmo - enthusiasm
era - s/he, it was
erano - they were
eravamo - we were

esattamente - exactly
esatto - correct
esclama - s/he, it exclaims
espresso - type of coffee
essere - to be
estate - summer
etnico - ethnic
euro - euro (monetary unit of the European Union)

F

fa - s/he, it does, makes
fa (caldo) - it is warm
fa (una domanda) - asks a question
facciamo - we do; we make
facendo - doing, making
facile - easy
fai - you do, you make
falco - falcon
falconeria - falconry
fame - hunger
famiglia - family
famoso - famous
fanno - they do, they make

fantastica/o -
fantastic

far - to do, to make

farci (capire) - to
make us
understand

farci (la domanda) -
to ask us the
questions

fare - to do, to make

farlo - to do it

fate (la ricerca) -
research

fattela (passare) -
get over it

fatto - done; made

felice/i - happy

fenomenale -
phenomenal

festa - party

festeggeranno - we
celebrate

fiero/i/a/e - proud

figlio - son

finalmente - finally

fine - end

finire - to finish

finisce - s/he, it
finishes

finiscono - they
finish

finito/i - finished

fino - until

foglo/i - sheet/s of
paper

forza - come on

fratello/i - brothers;
siblings

fresco - cool

funghi - mushrooms

funziona - it works,
functions

fuori - outside

G

gara/e - competition

gas (naturale) -
natural gas

gemello/i - twin/s

generale - general

genitori - parents

gentile/i - kind

geografia -
geography

(si) gioca - one plays

giocare - to play

giocatore/i - player/s

giocavamo - we
played

giochiamo - we play

gioco - I play

gioia - joy

giornata - day

giorni - days

giorno - day

giovani - young

(prendendo) in giro -
teasing

giugno - June

giusto - correct

gli - the

globalmente - globally
golf - golf
gradi - Centigrade
gran - big
grande - big
gratitudine - gratitude
grazie - thank you
grida - s/he, it yells
gruppo/i - groups
guarda - look; s/he, it looks
guardando - looking
guardano - they look
(si) guardano - they look at each other
guardare - to look
guardate - you (pl) look
guardo - I look

H
ha - s/he/ it has
hai - you have
hanno - they have
ho - I have

I
i - the
idea - idea
ignorare - to ignore
il - the
illegale - illegal

(ti) immagini - can you imagine
immigrano - to immigrate
immigrante/i - immigrant/s
impara - s/he, it learns
imparare - to learn
imparato - learned
importante/i - important
in - in, at
incantata - fascinated
incredibile - incredible
India - country in South Asia
indigena - indigenous
indipendente - independent
indipendenza - independence
(si) informano - they gather information
informarvi - you (pl) gather information
(ci siamo) informati - we gathered information
informazione - information

informazioni - information (pl)

infrastrutture - infrastructure

Inghilterra - England

ingiustizie - injustices

inglese/i - English

inizio - beginning

inoltre - moreover

insieme - together

(mi) interessa - it interests me

interessante/i - interesting

interessati - interested

internazionale - international

intolleranza - intolerance

inverno - winter

invitare - to invite

invitato - invited

io - I

Iran - country in the Middle East

Italia - Italy

italiano/i/a/e - Italian

K

kafala - system of sponsorship in some Arab nations

Khalifa - name of stadium in Doha

L

l' - the

la - the

lasagne - lasagne

lava - s/he, it washes

lavora - s/he, it works

lavorano - they work

lavorare - to work

lavoratori - workers

lavoriamo - we work

lavoro - I work; work

le - the

legge - s/he, it reads

leggere - to read

lei - she, her

li - they; them

lingua - language

lista - list

litigano - to quarrel

lo - the; it

localmente - locally

loro - they; them

luglio - July

lui - he

lunga - long

M

ma - but

madre - mother

Madrid - capital of Spain

(la) maggior (parte) - the most part
maggiore - main
malissimo - very badly
mamma - mom
mancanza - lack
mandare - to send
mangerà - s/he, it will eat
mangia - s/he, it eats
mangiamo - we eat
mangiare - to eat
mangiato - eaten
mano - hand
marmellata - jam
marocchini - Moroccan
masticare - to chew
matematica - math
materie - school subjects
mattina - morning
me - me
Medio (Oriente) - Middle East
meglio - better
membri - members
meno - less
mentre - while
mese/i - month/s
messaggio - message
messo - put, placed

metropolitana - subway; metropolitan
mi - me; to me
mia - my; mine
migliorerà - s/he, it will improve
miglioreranno - they will improve
migliori - better
migrano - they migrate
migranti - migrants
milioni - millions
mio - my; mine
moderni - modern
modo - way
molto/i/a/e - many; very
momento - instant
mondiali (di calcio) - soccer world cup
mondo - world
monetaria - financial
motivo/i - reason/s
municipalità - municipality
mussulmano - Muslim

N
Napoli - Naples (city in Italy)
nato - born
nazionale - national

ne - of (for certain expressions)
neanche - not even
negozi - stores
negozio - store
nel/lo/l'/i/gli/la/le - in the
nemmeno - not even
Nepal - country in South Asia
nervoso/i/a/e - nervous
niente - nothing
no - no
nome - name
non - not
nonna - grandmother
nonno - grandfather
nostro/i/a/e - our
nove - nine
novembre - November
numeri - numbers
nuovo/i/a/e - new

O

o - or
oggi - today
ogni - each, every
opportunità - opportunity/ies
ora - hour
orari - work hours
orario - time
ore - hours

orgogliosa - proud
oriente - east
origine/i - origin/s
orribile - horrible
ottimo/i/a/e - excellent
otto - eight
ovviamente - obviously

P

pachistani - Pakistani
padre - father
paese/i - country/ies
paghe - wages
pagliaccio - clown
Pakistan - country in South Asia
palle - balls
pane - bread
papà - dad
paragona - s/he, it compares
paragonata - compared to
parla - s/he, it talks
parlando - talking
parlano - they talk
parlare - to talk
parlato - talked
parleremo - we will talk
parliam - we talk
parola - word
parte/i - part/s

(in) particolare - particularly

partita/e - match/es, game/s

passano (tempo) - they spend time

(fattela) passare - get over it

pasticceria - pastry store

paura - fear

pazienza - patience

penna - pen

pensa - s/he, it thinks

pensando - thinking

pensan - they think

pensare - to think

pensate - you (pl) think

pensato - thought

per - for; in order to

percentuale - percentage

perché - why, because

perdere - to lose

perfetta - perfect

persona - person

persone - people

petrolio - petroleum

più - more

piacciono - like

piace - like

piacere - to like

piacerebbe - would like

piano/i - plan/s

piatto/i - plate/s

piedi - feet

pieno - full

po' - a little

poco/hi - few

poi - then

pomeriggio - afternoon

popolari - popular

popolazione - population

porta - door

portare - to bring

possiamo - we can

possibile - possible

posso - I can

possono - they can

poter - to be able to

potete - you (pl) can

pranzare - to eat lunch

pranzo - lunch

(sala da) pranzo - living room

pratica - practice

preferito/i/a/e - favorite

prende - s/he, it takes

prendendo - taking

prendere - to take

prendono - they take

prepara - s/he, it makes
preparato - made
presentatore - announcer
prestare - to lend
presto - soon
prevenire - to prevent
prima - before
probabilmente - probably
problema/i - problem/s
professore - teacher
promemoria - memo
promesso - promised
pronti - ready
proprio - exactly
può - s/he, it can
puoi - you can

Q
Qatar - country in the Middle East
(riyal) qatarì - monetary unit of Qatar
quadro - painting
qual - which
qualche - some
quando - when
quanti - how many
quartiere/i - neighborhood/s

quasi - almost
quel/l'/lo/i/gli/la/le - that, those
quattro - four
quest'/o/i/a/e - this/these
qui - here

R
ragazzi - kids
ragazzo - boy
rapporti - relationships
razzismo - racism
regioni - regions
religione - religion
renderà - s/he, i twill make
resto - rest
ricerca - research
ricercare - to research
ricerchi - you research
riceve - s/he, it receives
ricevono - they receive
ridendo - laughing
riguarda - looks again; concerning
riscaldamento - heating
risotto - creamy rice dish

risponde - s/he, it answers

rispondere - to answer

ristoranti - restaurants

ritardo - late

riunione - meeting

riusciremo - we will succeed, manage

riyal qatarì - monetary unit of Qatar

Roma - Rome

Romania - country in Southeastern Europe

rosso/i/a/e - red

rumeni - Romanian

S

sa - s/he, it knows

sabato - Saturday

sai - you know

sala - living room

salario - salary

saluta - s/he, it greets

salutano - they greet

sanno - they know

sapere - to know

saperlo - to know it

sapete - you (pl) know

sapevo - I knew

sarà - s/he, it will be

saranno - they will be

sarebbe - s/he, it will be

scaffali - shelves

schermo - screen

schizzinosa - fussy

scopre - s/he, it discovers

scoprire - to discover

scoprite - you (pl) discover

scopro - I discover

scrive - s/he, it writes

scrivere - to write

scrivi - you write

scrivono - they write

scuola - school

se - if

seccata - annoyed

secchione - nerd, overstudious

seguente - following

sei - you are

(ti) sei (dimenticato) - you forgot

selezionato - selected

sembra - s/he, it seems

sempre - always

sentono - they hear

senza - without

sera - evening

seri - serious

seriamente - seriously

serve - it is needed

serviranno - they will be needed

servizi - services

servono - they are needed

sesso - sex

settentrionale - northern

settore - sector

sfruttamento - exploitation

si - oneself; one

sia - both

siamo - we are

siano - they are

sicurezza - safety

significato - meaning

silenzio - silence

simpatico - fun person

sistema - system

situazione - situation

so - I know

sociali - social

soffrono - they suffer

solito - usual

solo - only

(ho) sonno - I am tired

sono - I am

sorella - sister

sorpreso - surprised

sorriso - smile

sospirano - they sigh

sparecchia - to clear the table

spazio - space

speciale - special

specifiche - specific

spese - shopping

spesso - often

spiega - s/he, it explains

sport - sport

spostare - to move

squadra - team

sta - is

stadi - stadiums

stadio - stadium

stai - you are

stanno - they are

stanza - room

state - you (pl) are

stato - been

stava - s/he, it was

stesso/i/a/e - same

stiamo - we are

sto - I am

storia - history

strade - roads

strane - weird

straniero/i/a/e - foreign

straordinario - extraordinary

strumento - instrument

su - on

sua - his, hers, their

succedendo - happening
successo - success
suo/i/a/e - his, hers, their
sul/l'/lo/gli/i/la/le - on the
svegli - awake

T
tabulato - spreadsheet
talento - talent
tanto/i/a/e - a lot, many
tardi - late
tavola - table
tavolo - table
te - you, to you
team - team
tecnologia - technology
telefonino - cell phone
telefono - phone
televisione - television
tempo - time; weather
tennis - tennis
terribile - terrible
tesoro - treasure
ti - you, to you
(si) tiene - is held
tifosi - fans

tipo - type
tira (fuori) - s/he, it pulls (out)
tirando - pulling
tolleranza - tolerance
toni - tones
torneo - championship
torno - I return
torta/e - cake/s
tostato - toasted
tra - among, between, in- for time
trasporto - transportation
tratta - s/he, it treats
trattano - they treat
tre - three
troppo/i - too many
trova - finds
trovato - found
tu - you
tuo/oi/a/e - your
tutte - all
tutti - all; everyone
tutto - all; everything
U
uffa - ugh
ultima/o - last
umani - human
un - a, an

una - a, an
unico - unique
unità monetaria -
   currency
uno - a, an
urla - s/he, it yells
urlano - they yell
urlare - to yell
usare - to use
usata - used
uso - use

V

va - s/he, it goes
vado - I go
vai - you go
valuta - currency
vanno - they go
varie - various
vede - s/he, it sees
veder - to see
vedere - to see
vediamo - we see
velocemente -
   quickly
vende - s/he, it sells
venduti - sold
vengono - they come
venire - to come
venite - you (pl)
   come
venute - came
venuti - came
veramente - really
verità - truth
vero - true

Verona - town in the
   Northeast of Italy
verso - towards
vestiti - clothes
vi - you (pl), to you
(andare) via - (to go)
   away
viaggio - trip
vicinato -
   neighborhood
vicini - neighbors
vicino - near
video - video
vieni - you come
vincerà - s/he, it will
   win
vinceranno - they
   will win
violazioni - violations
visto - saw
vive - s/he, it lives
(dal) vivo - live (tv)
vivono - they live
vogliamo - we want
vogliono - they want
voi - you (plural)
volete - you (pl)
   want
volta/e - time/s (that
   you count)
vorrei - I would like
vostro/i/a/e - your
vuoi - you want
vuol - s/he, it wants
vuole - s/he, it wants

X
xenofobia -
  xenophobia
xilofono - xylophone

Z
zaino - backpack

ABOUT THE AUTHOR

Jennifer Degenhardt taught high school Spanish for over 20 years and now teaches at the college level. At the time she realized her own high school students, many of whom had learning challenges, acquired language best through stories, so she began to write ones that she thought would appeal to them. She has been writing ever since.

Other titles by Jen Degenhardt:

La chica nueva | *La Nouvelle Fille* | The New Girl |
Das Neue Mädchen | *La nuova ragazza*
La chica nueva (the ancillary/workbook
volume, Kindle book, audiobook)
Salida 8 | *Sortie no. 8* | Exit 8
Chuchotenango | *La terre des chiens errants* | *La vita dei cani*
Pesas | *Poids et haltères* | Weights and Dumbbells
| *Pesi*

LUIS, un soñador | *Le rêve de Luis*
El jersey | <u>The Jersey</u> | *Le Maillot*
La mochila | <u>The Backpack</u> | *Le sac à dos*
Moviendo montañas | *Déplacer les montagnes* |
<u>Moving Mountains</u> | *Spostando montagne*
La vida es complicada | *La vie est compliquée* | <u>Life</u>
<u>is Complicated</u>
La vida es complicada Practice & Questions
(workbook)
El Mundial | *La Coupe du Monde* | <u>The World Cup</u>
Quince | <u>Fifteen</u> | *Douze ans*
Quince Practice & Questions (workbook)
El viaje difícil | *Un voyage difficile* | <u>A Difficult</u>
<u>Journey</u>
La niñera
¡¿Fútbol...americano?! | *Football...américain ?!* |
<u>Soccer->Football??!!</u>
Era una chica nueva
Levantando pesas: un cuento en el pasado
Se movieron las montañas
Fue un viaje difícil
¿Qué pasó con el jersey?
<u>The Meaning You Gave Me</u>
Cuando se perdió la mochila
Con (un poco de) ayuda de mis amigos | <u>With (a</u>
<u>little) Help from My Friends</u> | *Un petit coup de main*
amical |
Con (un po') d'aiuto dai miei amici
La última prueba | <u>The Last Test</u>
Los tres amigos | <u>Three Friends</u> | *Drei Freunde* | *Les*
trois amis
La evolución musical
María María: un cuento de un huracán | <u>María María:</u>
<u>A Story of a Storm</u> | *Maria Maria: un histoire d'un*
orage
Debido a la tormenta | <u>Because of the Storm</u>
La lucha de la vida | <u>The Fight of His Life</u>
Secretos | *Secrets (French)* | <u>Secrets</u> (English)

Como vuela la pelota
Cambios | *Changements* | <u>Changes</u>
De la oscuridad a la luz | <u>From Darkness into Light</u>
Dal buio alla luce
El pueblo | <u>The Town</u> | Le village

@JenniferDegenh1

@<u>jendegenhardt9</u>

@PuentesLanguage &
World LanguageTeaching Stories (group)

Visit <u>www.puenteslanguage.com</u> to sign up to receive information on new releases and other events.

Check out all titles as ebooks with audio on <u>www.digilangua</u>.net.

ABOUT THE TRANSLATOR

Dr. Tanya Ferretto was born and educated in Venice, Italy, where she enjoyed reading, writing and the arts. She has a Ph.D. in Japanese Art history. For the past 15 years she has been an Italian teacher at Winchester High School, MA. Teaching is her passion. She just published her first book, *Diettro al sorriso*, available on Amazon and puenteslanguage.com.

ABOUT THE COVER ARTIST

Hello! I am a 11-year-old boy (as of now) named Milo Pesqueira! Originally from Tucson, AZ, I moved to Lake Orion, MI when I was about 2, and am happy I'm here and am hoping to stay here further in the future. I want to thank Jennifer Degenhardt for this amazing opportunity at cover art. As I have a big interest graphic design, this is a great opportunity for me. Thank you.